• • • • •

Lições de estoicismo

JOHN SELLARS

Lições de estoicismo

O que os filósofos antigos têm a ensinar sobre a vida

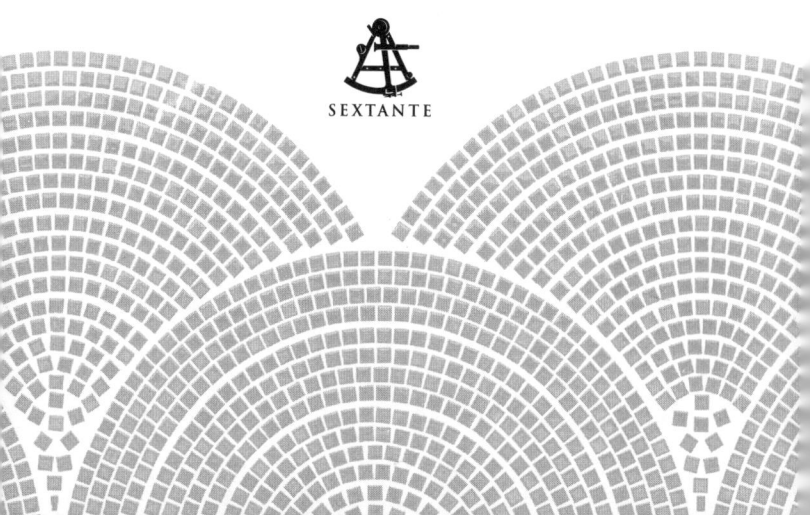

Título original: *Lessons in Stoicism*
Copyright © 2019 por John Sellars
Copyright da tradução © 2023 por GMT Editores Ltda.

Publicado originalmente pela Allen Lane, um selo da Penguin Press.
Penguin Press é parte do grupo Penguin Random House.

Todos os direitos reservados. Nenhuma parte deste livro pode ser utilizada ou reproduzida sob quaisquer meios existentes sem autorização por escrito dos editores.

tradução: Heci Regina Candiani
preparo de originais: Helena Mayrink
revisão: Hermínia Totti e Sheila Louzada
revisão técnica: Aldo Dinucci
projeto gráfico e diagramação: Ana Paula Daudt Brandão
capa: Estúdio Insólito
imagem de capa: Elena Senchuk / istockphotos
impressão e acabamento: Lis Gráfica e Editora Ltda.

CIP-BRASIL. CATALOGAÇÃO NA PUBLICAÇÃO
SINDICATO NACIONAL DOS EDITORES DE LIVROS, RJ

S468L

Sellars, John
  Lições de estoicismo / John Sellars ; tradução Heci Regina Candiani. - 1. ed. - Rio de Janeiro : Sextante, 2023.
  96 p. ; 18 cm.

  Tradução de: Lessons in stoicism
  ISBN 978-65-5564-545-3

  1. Filosofia antiga. 2. Estoicos. I. Candiani, Heci Regina. II. Título.

22-80862   CDD: 188
                                  CDU: 1(38)

Meri Gleice Rodrigues de Souza - Bibliotecária - CRB-7/6439

Todos os direitos reservados, no Brasil, por
GMT Editores Ltda.
Rua Voluntários da Pátria, 45 – Gr. 1.404 – Botafogo
22270-000 – Rio de Janeiro – RJ
Tel.: (21) 2538-4100 – Fax: (21) 2286-9244
E-mail: atendimento@sextante.com.br
www.sextante.com.br

Sumário

Prólogo 7

1. O filósofo como médico 11
2. O que você controla? 21
3. O problema das emoções 29
4. Enfrentando as adversidades 39
5. Nosso lugar na Natureza 49
6. Vida e morte 59
7. Como convivemos 69

Epílogo 79
Leituras recomendadas 83
Referências 87
Agradecimentos 93

Prólogo

E se alguém lhe dissesse que grande parte do sofrimento em sua vida se deve simplesmente à sua forma de encarar as situações? Não o sofrimento físico, como dor ou fome, mas todas as outras coisas que podem puxar alguém para baixo: ansiedade, frustração, medo, decepção, raiva, descontentamento generalizado. E se alguém afirmasse que pode ensinar você a evitar tudo isso? E se essa mesma pessoa alegasse que todas essas emoções são, na verdade, produto de uma forma equivocada de enxergar o mundo? E se você descobrisse que a capacidade de evitar todas essas coisas está totalmente sob seu controle?

Todas essas afirmações são feitas nas obras dos três grandes estoicos romanos – Sêneca, Epicteto e Marco Aurélio –, que viveram nos séculos I e II d.C. Sêneca é conhecido por seu papel como tutor do imperador Nero, Epicteto foi um escravizado que conquistou a liberdade e acabou por criar uma escola filosófica e Marco Aurélio foi imperador de Roma. Suas vidas não poderiam ter sido mais diferentes entre si, e no entanto todos eles abraçaram o estoicismo como um guia para viver bem.

Na época em que nossos três estoicos romanos estavam escrevendo, o estoicismo já tinha centenas de anos. Tudo começou em Atenas. O fundador da escola chamava-se Zenão, nasceu em Chipre e era filho de um comerciante. Em determinada ocasião, pouco antes do ano 300 a.C., Zenão visitou Atenas para realizar negócios em nome do pai. Nesse período, entrou em contato com filósofos da cidade e rapidamente começou a estudar com mestres de várias escolas concorrentes. Em vez de se comprometer com alguma dessas filosofias, porém, ele decidiu traçar uma carreira independente como professor e começou a lecionar no *Stoa Poikilē*, ou "pórtico pintado", no centro de Atenas. Ele logo reuniu um grupo de seguidores, que passaram a ser conhecidos como estoicos – pessoas que se reuniam no *Stoa*. A escola estoica se desenvolveu sob o comando dos sucessores de Zenão, Cleantes e Crisipo, originários da Ásia Menor. Alguns estoicos subsequentes vieram de localidades ainda mais a leste, como Diógenes da Babilônia. Nenhuma das obras desses primeiros estoicos sobreviveu ao fim da Antiguidade nem passou dos antigos rolos de papiro para o pergaminho dos manuscritos medievais. O que conhecemos hoje de seus pensamentos se baseia em citações e resumos de autores posteriores.

Já quanto aos nossos três estoicos romanos, temos vestígios literários substanciais. No caso de Sêneca, existem ensaios sobre diversos tópicos filosóficos, um conjunto de cartas para seu amigo Lucílio e uma série de tragédias. De Epicteto, temos inúmeros discursos transcritos por seu aluno Arriano que procuram registrar as palestras da escola do mestre, além de um pequeno manual que resume alguns temas desses discursos. No caso de Marco Aurélio, há algo bem diferente: anotações de cadernos pessoais que registram suas tentativas de lidar com algumas das ideias centrais do estoicismo, colocando-as em prática em sua vida.

As obras desses três estoicos romanos têm inspirado o público leitor desde então, abordando alguns dos problemas cotidianos que qualquer pessoa enfrenta durante a vida. Os trabalhos deles são fundamentalmente sobre como viver – como entender seu lugar no mundo, como agir quando algo dá errado, como administrar as emoções, como lidar com o próximo, como levar uma vida boa, digna de um ser humano racional. Nos próximos capítulos, vamos explorar alguns desses temas. Começaremos analisando o que os estoicos acreditavam que a filosofia deles tinha a oferecer, ou seja, uma terapia para a mente. Exploraremos tudo que podemos e não podemos controlar, e descobrir como nossa forma de pensar sobre as coisas pode, às vezes, gerar emoções prejudiciais. Em seguida, refletiremos sobre nossa relação com o mundo exterior e nosso lugar nele. E vamos concluir focando nos relacionamentos com as outras pessoas, que trazem tanto alegrias como tensões para a vida cotidiana.

Como veremos, a imagem conhecida do estoico isolado e insensível não faz jus à rica linha de pensamento de nossos três estoicos romanos. As obras deles são clássicos atemporais, e por bons motivos. E, conforme as novas gerações seguem encontrando lições úteis em seus textos, sua popularidade continua a mesma nos dias de hoje.

I

O filósofo como médico

No final do século I d.C., um ex-escravizado originário da Ásia Menor, cujo nome verdadeiro não sabemos, criou uma escola de filosofia em uma nova cidade na costa oeste da Grécia. Mudar-se para lá não foi uma escolha pessoal de todo; ele foi banido de Roma (juntamente com todos os outros filósofos) pelo imperador Domiciano, que via esses intelectuais como uma potencial ameaça a seu governo. A cidade se chamava Nicópolis, fundada por Augusto cerca de um século antes, e o ex-escravizado era conhecido pelo nome de Epicteto, que, em grego, significa simplesmente "adquirido". Durante os anos de funcionamento, a escola de Epicteto atraiu muitos alunos e visitantes ilustres, em especial o imperador Adriano, que era bem mais favorável aos filósofos do que alguns de seus antecessores. O próprio Epicteto não escreveu nada, mas um de seus alunos – um jovem chamado Arriano, que viria a se tornar também um importante historiador – anotou as conversas realizadas na escola e as reuniu nas *Diatribes de Epicteto*. Nas *Diatribes*, Epicteto é bastante objetivo ao definir seu papel como filósofo. Segundo ele, o filósofo é um médico e a escola do filósofo é um hospital – um hospital para almas.

Ao definir a filosofia dessa maneira, Epicteto estava seguindo uma tradição filosófica grega bem consolidada que vinha, no mínimo, desde Sócrates. Nos seus primeiros diálogos com Platão, Sócrates argumentou que a missão do filósofo é cuidar da alma das pessoas, tal como um médico cuida do corpo. Por "alma" não devemos pressupor nada imaterial, imortal ou sobrenatural. Nesse contexto, devemos compreendê-la apenas como mente, pensamentos e crenças. A missão do filósofo é analisar e avaliar tudo que as pessoas pensam, examinando sua coerência e sua plausibilidade. Quase todos os filósofos, antigos ou contemporâneos, concordariam com isso.

Para Sócrates e, tempos depois, para os estoicos, a preocupação em cuidar da alma era ainda mais importante porque eles defendiam que, em última análise, a condição de nossa alma determina a qualidade de nossa vida. Sócrates é conhecido por criticar seus companheiros atenienses por darem muita atenção ao corpo e às posses, mas pouca à alma – àquilo que pensavam ou em que acreditavam, a seus valores e seu caráter. Sócrates insistia que a base para uma vida boa e feliz reside na alma, não no corpo. Em uma importante discussão posteriormente retomada pelos estoicos, Sócrates procurou mostrar que grandes riquezas, por exemplo, são irrelevantes em certo sentido. Para ser mais exato, ele argumentou que a riqueza material é neutra em termos de valor, porque pode ser usada para fins positivos ou negativos. O dinheiro em si não é bom nem ruim. É o caráter de quem o possui que define se ele será bem ou mal utilizado. Uma pessoa virtuosa pode usá-lo para fazer coisas boas, enquanto um indivíduo não tão virtuoso pode causar grandes danos com o dinheiro.

O que isso nos revela? Que o verdadeiro valor – a fonte do que é bom ou mau – reside no *caráter* da pessoa que tem o dinheiro, não no dinheiro em si. Também nos revela que é um erro grave dar atenção excessiva a dinheiro e posses enquanto negligenciamos a condição de nosso caráter. É trabalho do filósofo nos instigar a perceber isso e depois nos apoiar enquanto tentamos curar as enfermidades de nossa alma.

Uma possível conclusão dessa linha de pensamento seria dizer que devemos focar *apenas* em nossa alma e parar de prestar atenção em coisas como sucesso profissional, dinheiro e reputação. Na verdade, os estoicos chamavam essas coisas de "indiferentes". Apenas um caráter excelente e virtuoso é bom de verdade, eles alegavam, enquanto apenas seu oposto, um caráter perverso, é mau; todas as outras coisas são indiferentes. Alguns filósofos posteriores a Sócrates pensavam exatamente assim – os cínicos, dos quais o mais famoso foi Diógenes de Sinope, que, segundo consta, chegou a viver em um barril (ao menos por um tempo). Diógenes buscava um caráter virtuoso e excelente em detrimento de todas as outras coisas, defendendo uma vida austera e simples, em harmonia com a Natureza. Conta-se que, ao ver uma criança bebendo água com as mãos, Diógenes disse: "Uma criança me superou na simplicidade de viver." E em seguida jogou fora uma das poucas coisas que tinha, um copo.

Zenão, o primeiro estoico, se sentiu atraído durante algum tempo pelo modo de vida cínico, mas por fim o considerou insatisfatório. Sócrates tinha dito que o dinheiro podia ser usado para objetivos tanto bons quanto maus, mas se você não tivesse dinheiro algum, seria incapaz de fazer algo bom com ele. Como Aristóteles havia observado, algumas virtudes parecem exigir certo grau de riqueza, como a generosidade ou a caridade. E não só isso, mas a intensa aversão de Diógenes pelas posses parecia exceder a afirmação de que essas coisas são apenas "indiferentes". Se o dinheiro de fato é indiferente, por que se importar se você está totalmente falido ou podre de rico? Diógenes dava a entender que era sempre melhor ser pobre do que rico. É possível notar como esse enaltecimento da pobreza deixaria sua marca em alguns aspectos da posterior tradição cristã.

Mas não era assim que Zenão enxergava as coisas. Diógenes acreditava que devemos viver em harmonia com a Natureza. A resposta de Zenão foi afirmar que é completamente natural buscarmos o que nos ajuda a sobreviver – comida, abrigo, coisas que colaboram para nossa saúde e posses que contribuem para o nosso conforto físico. Todos fazemos isso, e não há motivo para nos sentirmos mal. Todos buscamos a prosperidade material porque ela ajuda a garantir nossa sobrevivência.

Na linguagem cotidiana, poderíamos dizer que tudo que nos beneficia é "bom", mas Zenão, seguindo Sócrates, quis reservar a palavra "bom" para um caráter excelente e virtuoso. Então, ele disse que o que nos beneficia tem valor. Valorizamos a saúde, a prosperidade e o respeito, porém nenhuma dessas coisas é "boa" no sentido que um caráter excelente é bom.

Isso levou Zenão a chamar essas coisas, em seu vocabulário técnico, de "indiferentes preferenciais". Em geral, todos preferiríamos ser ricos em vez de pobres, saudáveis em vez de doentes e respeitados em vez de desprezados. Lógico, quem não preferiria? Mas – e esse é um ponto importante – como *só* o caráter virtuoso é verdadeiramente bom, nunca devemos comprometer nosso caráter na busca dessas coisas. Nem devemos pensar que alguma delas pode, por si só, nos fazer felizes. A pessoa para quem o dinheiro não é apenas um meio de atender às necessidades de sobrevivência, mas algo que automaticamente lhe dará uma vida boa e feliz, está terrivelmente enganada. A pessoa que compromete a própria integridade na busca por fama ou dinheiro comete um erro ainda mais grave, pois danifica o próprio caráter – a única coisa verdadeiramente boa – por causa de um mero "indiferente".

Essas são algumas das ideias que Epicteto teria discutido em sua escola em Nicópolis. A maioria de seus alunos eram filhos da elite romana, prestes a iniciar uma carreira administrativa no Império. Esperamos que tais lições os tenham tornado melhores do que teriam sido sem elas.

Mas o que significa exatamente cuidar da alma? Quais são os requisitos para se ter um caráter excelente? Para usar uma palavra muito fora de moda, significa ser virtuoso. Significa, em especial, ser sábio, justo, corajoso e prudente – as quatro virtudes cardeais, segundo os estoicos. É isso que significa ter um bom caráter e ser uma boa pessoa. Embora, à primeira vista, toda essa conversa sobre "virtude" possa soar um pouco moralista, também é possível traduzir essa ideia em termos descritivos. O que é um bom ser humano? Podemos falar sobre boas pessoas da mesma forma que poderíamos falar de uma boa mesa ou uma boa faca? Uma boa mesa é aquela que proporciona uma superfície estável; uma boa faca é aquela que corta bem. Se os seres humanos são, por natureza, animais sociais, nascidos em famílias e comunidades, então um bom ser humano é aquele que se comporta de forma sociável. Alguém que não trata bem os outros – um indivíduo cujo caráter é destituído de sabedoria, justiça, coragem e prudência – terá dificuldades para se tornar um bom ser humano. E, se falhar completamente, podemos até questionar se esse alguém é de fato humano. "Aquela pessoa é um monstro", podemos dizer sobre alguém que cometeu crimes indescritíveis contra outras pessoas.

Ninguém quer isso. Aliás, os estoicos concordavam com o pensamento de Sócrates de que ninguém *escolhe* ser cruel e desagradável. Todos buscam o que *pensam* que é bom, mesmo que sua noção do que é bom ou do que os beneficiará seja totalmente distorcida. Mais uma vez, é aí que entra o filósofo. A missão do filósofo, enquanto médico da alma, é nos levar a analisar nossas crenças sobre o que pensamos ser bom e mau, o que achamos que vai nos beneficiar e o que acreditamos ser necessário para levarmos uma vida boa e feliz.

De acordo com os estoicos, uma vida boa e feliz é aquela que está em harmonia com a Natureza. Voltaremos a essa ideia várias vezes nos capítulos seguintes. Por ora, podemos dizer que ela envolve o pensamento de que devemos viver em harmonia tanto com o mundo natural externo (a Natureza com "N" maiúsculo) quanto com nossa própria natureza humana. Hoje, costumamos ser encorajados a pensar que as pessoas são intrinsecamente egoístas e competitivas, sempre tentando obter vantagem. Os estoicos têm uma visão bem diferente, mais otimista. Eles acreditam que, se deixados por conta própria, os seres humanos se tornarão naturalmente adultos racionais e virtuosos. Somos animais sociais decentes e sensatos. Obviamente, muitas coisas podem interromper e alterar esse processo de desenvolvimento, e, assim, nos percebemos vivendo de um modo que não está em sincronia com nossas inclinações naturais mais profundas. Quando isso acontece, nos tornamos infelizes.

É aí que precisamos de um médico-filósofo, pois ele é capaz de oferecer tratamentos que nos possibilitarão voltar aos trilhos. Um dos efeitos que esperamos é nos reconectar com a consciência de quem somos, na condição de seres humanos, e de como podemos viver apoiados nesse conhecimento. O primeiro passo para desencadear esse processo é começar a prestar atenção na condição de nossa alma, exatamente como Sócrates recomendou, ou seja, em nossos julgamentos, crenças e valores. A primeira lição, então, é que, embora possa haver aspectos externos de nossa vida que queiramos mudar, também precisamos prestar muita atenção em nossos pensamentos.

2

O que você controla?

Que aspectos de sua vida você de fato é capaz de controlar? Você tem controle sobre quando vai ficar doente? Alguma vez decidiu se envolver em um acidente? Pode impedir as pessoas que ama de morrer? Consegue escolher por quem vai se apaixonar e quem vai se apaixonar por você? Pode garantir seu sucesso profissional e financeiro? Até que ponto você de fato tem controle sobre qualquer uma dessas coisas? Talvez você seja capaz de influenciá-las de várias maneiras, mas será que pode garantir que terão um desfecho a seu favor? Questões como essas eram preocupações centrais dos estoicos.

O *Manual* de Epicteto começa com uma descrição bastante franca das coisas que ele acha que dependem e não dependem de "nossa decisão". As coisas que podemos controlar – aquilo que está a nosso alcance – incluem nossos juízos, impulsos e desejos. Segundo Epicteto, praticamente tudo o mais está, no fundo, fora de nosso controle, incluindo nosso corpo, nossos bens materiais, nossa reputação e nosso sucesso financeiro e profissional. Ele acrescenta ainda que grande parte da infelicidade humana se deve simplesmente a erros de classificação, provenientes da ideia de que temos controle sobre certas coisas quando, na verdade, não temos.

Essa separação parece envolver uma distinção entre coisas interiores e exteriores: podemos controlar nossa mente, mas não o mundo à nossa volta. Ou podemos pensar nela como uma distinção entre o campo mental e o físico: podemos controlar nossos pensamentos, mas não coisas materiais como nosso corpo ou nossos bens. Embora essas duas definições traduzam parte da questão, nenhuma delas é certeira. Epicteto não diz que temos controle sobre tudo que está dentro de nós ou sobre todos os nossos pensamentos. Pelo contrário, ele afirma que temos controle apenas sobre certo conjunto de ações mentais. Ele acreditava que tudo que está realmente sob nosso controle são nossos juízos e as coisas que derivam deles. Não temos total controle sobre tudo que se passa em nossa mente; não escolhemos nossas sensações e lembranças e não podemos ligar e desligar nossas emoções (voltaremos às emoções no próximo capítulo). Só temos total controle sobre nossos juízos, isto é, sobre o que pensamos a respeito das coisas que nos acontecem.

Ora, nossos juízos são extremamente importantes porque, entre outras coisas, determinam como agimos. De acordo com Epicteto, eles controlam nossos desejos e impulsos. Podemos ver algo e julgar que se trata de uma coisa boa, o que desperta o desejo por aquilo e, consequentemente, nos impele a buscá-lo. Dependendo do que for (a carreira dos sonhos, uma casa própria), essa busca pode ser longa e árdua e ter um grande custo tanto para nós quanto para os outros. Mas todo o processo começa com um simples juízo.

Portanto, os juízos são fundamentais. Nós os negligenciamos por nossa conta e risco, mas em geral eles acontecem tão depressa que nem os notamos. Podemos ser tão rápidos em julgar que algo é bom, e fazer isso com tanta frequência, que começamos a supor simplesmente que a coisa em questão é boa em si. Mas nada exterior é inerentemente bom; tudo está sempre em movimento. Apenas um caráter virtuoso é genuinamente bom. O imperador romano Marco Aurélio, que era um ávido leitor de Epicteto, tentava se lembrar disso a todo momento, parando para refletir sobre a natureza física de coisas aparentemente desejáveis antes de julgá-las: uma boa refeição é apenas o corpo morto de um porco ou um peixe. Assim como um eletrônico caro ou um carro de luxo são apenas pedaços de metal e plástico. Qualquer que seja o valor que essas coisas pareçam ter, trata-se de um valor que atribuímos a elas a partir de nossos juízos, não de algo que lhes é inerente.

A boa notícia, de acordo com Epicteto, é que temos controle total sobre nossos juízos e, com um pouco de reflexão e treino, logo somos capazes de superar a tendência de julgar as coisas sem pensar. Se conseguirmos nos tornar mestres de nossos juízos, teremos total controle de nossa vida. Vamos poder decidir o que é importante para nós, o que desejamos e como agimos. Nossa felicidade estará a nosso alcance. À primeira vista, pode parecer que Epicteto acha que não temos controle sobre muitas coisas, mas na verdade ele quer dizer que temos controle sobre tudo que realmente importa para nosso bem-estar.

E quanto a todas as outras coisas que ele diz que não controlamos, todas as coisas que tomam tanto da nossa atenção – bens, corpo, reputação e sucesso financeiro e profissional? Já vimos que os estoicos argumentam que nenhuma dessas coisas é inerentemente boa. A questão de Epicteto aqui é um pouco diferente. Para ele, não temos controle sobre elas nem quando as consideramos boas. Se você deixar que sua felicidade dependa de uma dessas coisas, ela se tornará extremamente vulnerável a forças que fogem a seu controle. Se seu bem-estar depende de um relacionamento romântico, uma ambição profissional, posses materiais, certa aparência física ou algo do tipo, isso quer dizer que você entregou sua felicidade aos caprichos de algo ou de outra pessoa. Estar nessa posição não é nada bom. Se você acha que *tem* controle sobre essas coisas, quando na realidade não tem, a frustração e a decepção são praticamente garantidas.

Vale ressaltar que Epicteto não está sugerindo que devemos desistir ou nos afastar do mundo externo. Só porque não podemos controlar algo não significa que devemos ignorá-lo. A questão é apenas tomar a atitude correta em relação a isso. Mais adiante em seu *Manual*, Epicteto sugere que pensemos em nossa vida como se fôssemos atores de um espetáculo. Não escolhemos nosso papel, não cabe a nós decidir o que acontece e não temos controle sobre a duração da peça. Em vez de lutar contra tudo que está fora de nosso controle, nossa missão é desempenhar da melhor forma possível o papel para o qual fomos escalados.

Mas vamos explicar isso de forma um pouco mais específica.

Todos nós desempenhamos uma série de papéis. Se quisermos, com certeza podemos mudar alguns deles – ninguém está dizendo que é obrigatório continuar em um emprego deplorável ou em um relacionamento infeliz. Mas há outras coisas que têm mais a ver com a condição humana e sobre as quais não há muito que possamos fazer. Nenhum de nós escolhe a nacionalidade, o gênero, a data de nascimento, a cor de pele ou a orientação sexual, mas todas essas coisas têm um impacto significativo em nossa vida.

Também é importante lembrar que, embora tenhamos controle sobre nossas ações, não temos como controlar suas consequências. As coisas nem sempre acabam como talvez esperássemos ou pretendêssemos. Às vezes porque não agimos tão bem quanto poderíamos, mas é igualmente frequente que haja a interferência de fatores que fogem ao nosso controle. Antípatro, um estoico que escreveu algum tempo antes de Epicteto, estabeleceu uma analogia com o tiro com arco: mesmo um arqueiro experiente às vezes errará o alvo, porque o vento pode tirar sua flecha do curso. Não há nada que o arqueiro possa fazer em relação a isso. O mesmo vale para a medicina: por melhores que sejam os médicos, há questões impossíveis de controlar que os impedem de salvar um paciente. Os estoicos acreditam que tudo na vida é assim. Podemos nos esforçar para agir da melhor maneira possível, mas nunca seremos capazes de controlar completamente o resultado de nossas ações. Se vinculamos nossa felicidade à conquista de um resultado específico, corremos o risco de nos frustrarmos muitas vezes, mas se determinamos que nosso objetivo é simplesmente fazer o melhor possível, nada pode atrapalhar nossos planos.

No que diz respeito a acontecimentos do mundo externo, incluindo os resultados de nossas ações, tudo o que podemos fazer é seguir o fluxo. Aceitar o que acontecer e lidar com isso, em vez de lutar contra a situação. Ao longo de suas *Meditações*, Marco Aurélio lembra várias vezes que a Natureza está em um processo contínuo de mudança – nada é estável, e não há nada que ele possa fazer quanto a isso. Nosso trabalho é aceitar que não podemos controlar o que acontece e concentrar nossos esforços nas coisas que estão sob nosso controle.

Epicteto insiste bastante nessa necessidade de concentrarmos nossa atenção nas coisas que *estão* sob nosso controle. Esqueça o que você não pode controlar e volte toda a sua atenção para seus juízos. Isso vai aprimorar seu caráter, a única coisa que lhe permitirá alcançar o que Zenão chamou de "um fluxo tranquilo de vida". No entanto, precisamos estar atentos, pois se deixamos de prestar atenção em nossos juízos, mesmo que por um breve instante, corremos o risco de voltar aos maus hábitos. Epicteto faz uma analogia com um marinheiro conduzindo um navio:

É muito mais fácil para um marinheiro deixar naufragar seu navio do que mantê-lo navegando em segurança; basta ir um pouco mais contra o vento, e o desastre é instantâneo. Na verdade, ele não precisa fazer nada: uma desatenção momentânea terá o mesmo resultado.

Se deixarmos nossa atenção escapar, podemos pôr a perder todo o progresso que fizemos. Por isso, precisamos integrar momentos de reflexão a nossa vida cotidiana. Marco Aurélio descreve práticas de reflexão matinal, durante as quais ele se prepara para o dia, contemplando os desafios que provavelmente enfrentará, a fim de conseguir lidar melhor com eles. Sêneca esboça um processo similar de reflexão noturna, durante a qual ele repassa seu dia, pensando no que fez bem, em onde sua atenção pode ter falhado e como poderá se sair melhor no dia seguinte. E Epicteto diz ainda mais: como o marinheiro que conduz o navio, é essencial permanecer atento a cada momento do dia, estar preparado para o que virá. Devemos manter nossos princípios filosóficos essenciais sempre à mão, para não voltarmos a fazer juízos equivocados. Essa é a filosofia como prática diária e modo de vida.

3

O problema das emoções

Há uma história que ilustra ainda melhor essa preocupação com o controle, um relato de Arriano sobre um encontro entre Epicteto e um homem que visitava a escola em Nicópolis. O homem conta a Epicteto que o irmão está irritado com ele e pergunta o que fazer a respeito da situação. A resposta típica e objetiva de Epicteto é: "Nada, você não pode fazer nada quanto a isso." Não podemos controlar as emoções de outras pessoas, porque elas se enquadram na categoria de coisas que não dependem de nós. A única pessoa que pode fazer alguma coisa em relação à raiva do irmão é o próprio irmão. Mas Epicteto não para por aí: ele transfere a atenção para aquilo que o homem *pode* controlar, ou seja, sua reação à raiva do irmão. O homem está chateado porque o irmão se irritou com ele, e Epicteto sugere que *esse* é o verdadeiro problema, além de ser algo que o próprio homem pode resolver. Ele fez um juízo sobre a ira do irmão, e tal julgamento provocou nele uma emoção. O problema imediato, portanto, não é com o irmão, mas com o homem que foi se queixar.

Essa breve história demonstra como as emoções – tanto dos outros quanto nossas – podem moldar e influenciar nossas interações com as pessoas à nossa volta. Na linguagem moderna, a palavra "estoico" passou a significar insensível, desprovido de emoção, e isso geralmente é visto como uma característica negativa. Hoje, na maioria das vezes, as emoções são consideradas coisas boas: amor, compaixão, solidariedade e empatia são coisas de que o mundo certamente precisa em maior quantidade. Mas esse relato enfatiza outras emoções não tão encantadoras: raiva, ressentimento, impaciência. Quando os antigos estoicos recomendavam que as pessoas evitassem emoções, estavam falando principalmente das negativas.

Por um lado, a descrição estoica das emoções é bem fácil de compreender, mas há uma série de aspectos importantes que precisamos acrescentar para uma compreensão mais aprofundada. A afirmação central é: nossas emoções são o produto dos juízos que fazemos. Portanto, estamos no controle total de nossas emoções e somos responsáveis por elas. O homem está chateado por conta da maneira como reage à raiva do irmão. Se ele encarasse aquilo de forma diferente, não ficaria contrariado. A alegação estoica – e este é um ponto importante – não é que devemos negar ou reprimir as emoções, mas nos esforçar para nunca tê-las. Um segundo ponto importante é que os estoicos não acham que basta estalar os dedos para fazer uma emoção desaparecer. Você não pode simplesmente dizer "Vou pensar de um jeito diferente em relação a isso" e esperar que a raiva ou a tristeza desapareçam em um passe de mágica.

Crisipo associou ter uma emoção a correr muito depressa. Depois de tomar certo impulso, você não tem como parar de repente. Seu movimento está fora de controle, e algo muito parecido ocorre quando somos dominados por uma emoção. Assim, você não pode simplesmente desligar uma emoção indesejada quando bem entender, mas pode se esforçar para que a próxima emoção não ganhe impulso a ponto de sair do controle.

Isso parece claro no caso da raiva. Quando uma pessoa está muito, muito irritada, é impossível argumentar com ela. Alguém que sabia disso muito bem era Lúcio Aneu Sêneca. Ao longo de sua carreira como conselheiro nos círculos internos da corte do Império Romano, ele teve inúmeros confrontos com pessoas dominadas por emoções destrutivas e que eram agravados pelo fato de que algumas dessas pessoas – como os imperadores Calígula, Cláudio e Nero – tinham o poder de decidir sobre a vida e a morte de inúmeros indivíduos, sobretudo do próprio Sêneca. Calígula tinha tanta inveja dos variados talentos de Sêneca que, em determinado momento, ordenou sua morte, mas acabou sendo convencido do contrário por um de seus amigos, por conta da saúde precária do filósofo.

Em seu ensaio *Sobre a ira*, Sêneca compara emoções como raiva e inveja à loucura temporária. Partindo da imagem de Crisipo de uma corrida tão rápida que não se pode parar, Sêneca equipara ter raiva a ser atirado do alto de um edifício e entrar em queda livre, completamente fora de controle. Quando assume o comando, a raiva compromete a mente por inteiro. O alerta dos estoicos é exatamente sobre essa condição de estar cem por cento fora de controle. Ficar um pouco irritado de vez em quando faz parte da vida e é quase inofensivo. Ficar com raiva a ponto de não ser possível resistir à vontade de bater em alguém já é algo completamente diferente, e é isso que os estoicos querem evitar.

Sêneca insiste que não precisamos da raiva para reagir a atos cometidos contra nós ou nossos entes queridos. É sempre melhor agir com calma, a partir de um senso de lealdade, dever ou justiça, do que se enfurecer e sair em busca de vingança. Se vez ou outra a raiva parece nos estimular a lutar contra alguma grande maldade, Sêneca afirma que seria muito melhor lutar guiando-se pelas virtudes da coragem e da justiça.

A raiva, como todas as emoções, é resultado de um juízo que se origina na mente. Isso significa que é algo que podemos controlar, ou pelo menos que podemos tentar evitar no futuro. Mas uma vez que um juízo foi feito, a raiva logo se torna algo tangível e físico. Sêneca descreve a raiva como uma doença do corpo caracterizada pelo inchaço. Seja qual for a emoção, provavelmente podemos associá-la a inúmeros sintomas físicos: coração acelerado, aumento da temperatura corporal, palpitação, sudorese e assim por diante. Assim que esses sintomas se apresentam, não há nada que possamos fazer para que desapareçam, exceto esperar.

Contrariando a imagem que se costuma ter, os estoicos não acham que as pessoas podem ou devem se tornar blocos de pedra insensíveis. Todos os seres humanos sentirão o que Sêneca chama de "primeiros movimentos". Eles acontecem quando nos comovemos com alguma experiência: podemos nos sentir nervosos, chocados, animados, assustados ou podemos até chorar. Todas essas reações são bastante naturais, respostas fisiológicas do corpo, mas não são emoções no sentido estoico da palavra. Se alguém está chateado e por um instante considera se vingar mas não age nesse sentido, Sêneca considera que essa pessoa não está com raiva, porque continua no controle. Temer algo momentaneamente mas depois se manter firme também não é a emoção conhecida como medo. Para que esses "primeiros movimentos" se tornassem emoções propriamente ditas, seria necessário que a mente julgasse que algo terrível aconteceu e, em seguida, tomasse uma atitude em relação a isso. Nas palavras de Sêneca, "o medo envolve fuga, a raiva envolve agressão".

Segundo esse filósofo, portanto, existem três etapas no processo: um primeiro movimento involuntário, que é uma reação fisiológica natural fora de nosso controle; um juízo, que é uma resposta à experiência e está sob nosso controle; e uma emoção, que, uma vez desencadeada, está fora de nosso controle. Assim que a emoção toma forma, não há nada que possamos fazer, a não ser esperar que ela passe.

Mas por que fazemos os juízos que geram essas emoções nocivas? Se alguém acha que outra pessoa o prejudicou de alguma maneira, pode parecer muito natural ficar com raiva dela. Sêneca diz que a raiva geralmente é o produto da sensação de sofrer algum tipo de dano. Então, o que deve ser contestado é essa impressão de que houve um dano, o que em si já contém um julgamento. Epicteto explica assim:

> Lembre-se, não basta ser agredido ou insultado para que alguém seja prejudicado, é preciso que a pessoa acredite estar sendo prejudicada. Se alguém conseguir provocar você, perceba que sua mente é cúmplice dessa provocação.

Por isso, continua ele, é importante não reagir impulsivamente aos acontecimentos. É essencial fazer uma pausa, esperar um instante e refletir sobre o que acabou de acontecer antes de fazer um juízo. Se alguém faz uma crítica a você, pare para avaliar se o que foi dito é verdadeiro ou falso. Se for verdadeiro, a pessoa apontou uma falha que agora você pode corrigir. Portanto, essa crítica foi benéfica. Se o que a pessoa diz é falso, então ela está errada e é a única prejudicada. De um jeito ou de outro, você não sofre nenhum dano pelos comentários críticos dela. Os comentários dela só *poderiam* prejudicar você seriamente se *você* permitisse que a situação o induzisse a um estado de raiva.

Sêneca se dedicou à análise das emoções negativas destrutivas, como a raiva. Mas a raiva não é a única emoção que existe. Há outras que não são tão destrutivas, emoções que, na verdade, são sobretudo positivas e sem as quais não gostaríamos de viver. Um exemplo óbvio é o amor, tanto o dos pais pelos filhos quanto o amor romântico entre duas pessoas adultas. Será que os estoicos sugerem que nos livremos dessas emoções?

De acordo com os estoicos, o amor pelos filhos não é uma emoção irracional que deva ser evitada, mas um instinto praticamente universal. Somos, por natureza, inclinados a cuidar de nós mesmos, a buscar as coisas de que precisamos para viver e a evitar aquelas que podem nos prejudicar, tudo em nome da autopreservação. Esse instinto de autopreservação se estende às pessoas próximas a nós – em primeiro lugar, nossos familiares, mas, em condições ideais, a todas as outras pessoas. Quanto ao amor romântico, talvez possamos dizer que um relacionamento saudável é baseado nos desejos naturais de ter companhia e de procriar, e o não saudável tem como base emoções negativas, como possessividade e ciúme. Os estoicos certamente não pretendiam transformar as pessoas em blocos de pedra insensíveis.

Assim, ainda teremos as reações habituais diante dos acontecimentos – vamos nos assustar, hesitar, ficar com medo, sentir vergonha ou chorar – e também relacionamentos fortes e carinhosos com as pessoas que nos são próximas. O que não faremos, porém, é desenvolver emoções negativas como raiva, ressentimento, amargura, ciúme, obsessão, medo constante ou apego excessivo. Essas emoções podem arruinar vidas, e os estoicos acreditam ser melhor evitá-las.

4

Enfrentando as adversidades

Às vezes, coisas ruins acontecem. Faz parte da vida. Mesmo se estivermos preparados para assimilar a lição de Epicteto segundo a qual muitas dessas coisas simplesmente estão fora de nosso controle, isso não amenizará a situação. Pode ser que eu aceite plenamente que tenho controle total apenas sobre meus juízos e que, em última instância, não controlo se vou adoecer, mas isso por si só talvez não me impeça de pensar que esse mal-estar físico é algo muito ruim, uma verdadeira adversidade.

Para os estoicos romanos, a vida é repleta de adversidades, e uma das missões centrais da filosofia é ajudar as pessoas a passar pelos altos e baixos da existência. Ninguém sabia disso melhor do que Sêneca, cuja própria vida estava longe do ideal de tranquilidade a que ele aspirava. Durante o tumultuado século I d.C., Sêneca teve que enfrentar a morte de seu filho, o exílio na Córsega por quase uma década, o resgate do exílio (mas apenas sob a condição de que assumisse o papel de tutor do jovem Nero), uma carreira como conselheiro de Nero (posição da qual não podia sair prontamente), a morte de um amigo próximo e, para completar, o próprio suicídio forçado. Nero exigiu a morte de seu ex-tutor, suspeito de participar de um complô contra o imperador. A esposa de Sêneca insistiu em compartilhar do mesmo destino, e ambos cortaram os pulsos. No entanto, nenhum dos dois teve uma morte rápida. A esposa, Paulina, sobreviveu, enquanto Sêneca recebeu cicuta e, por fim, um banho de vapor. Certamente não foi uma "vida filosófica" tranquila.

O relato de Sêneca sobre como se deve encarar as adversidades foi, na verdade, escrito bem antes de ele passar por muitas das adversidades mencionadas. Encontra-se em seu ensaio *Sobre a providência divina*, que ele escreveu quando tinha cerca de 40 anos. Nero tinha acabado de nascer e Sêneca ainda não havia sido enviado para a Córsega. Foi nessa época que o pai dele morreu e o filósofo entrou em conflito com o imperador Calígula, evitando ser executado apenas graças a sua saúde frágil, como vimos. Doença, ameaça de morte, luto – e as coisas ainda nem tinham começado a ficar difíceis. Às vezes, Sêneca é apresentado como um privilegiado hipócrita, um membro extremamente rico da elite que teve o descaramento de exaltar os benefícios de uma vida simples. Ele com certeza foi afortunado em muitos sentidos, tendo oportunidades com as quais a imensa maioria de seus contemporâneos nem sequer podia sonhar, mas também teve sua parcela de adversidade e passou muito tempo pensando em como enfrentá-la.

O ensaio se concentra no seguinte questionamento: por que as pessoas sofrem tantos infortúnios? Sêneca o responde a partir de vários pontos de vista. Primeiro, insiste que nada de ruim ocorre realmente, dado que todos os acontecimentos externos não são bons nem maus em sua essência. Alguém que sempre se lembre disso e não faça juízos precipitados simplesmente aceitará um fato pelo que é, sem julgar que algo terrível aconteceu.

No entanto, Sêneca vai além. Ele acredita não apenas que não devemos considerar os aparentes infortúnios como verdadeiramente maus; ele também acha que devemos recebê-los como coisas que podem nos beneficiar. Segundo ele, a pessoa boa enxerga todas as adversidades como um treinamento. Sêneca faz uma analogia com um lutador que se beneficia ao aceitar oponentes difíceis e que perderia sua habilidade se enfrentasse apenas desafiantes mais fracos.

O lutador só consegue colocar à prova sua habilidade quando enfrenta um adversário à altura, e uma luta difícil também serve como treino para que ele possa desenvolver seus talentos. As adversidades da vida funcionam de modo semelhante: nos permitem expor e treinar nossas virtudes para que possamos melhorar. Se conseguimos compreender isso, quando a adversidade chega, a aceitamos de bom grado.

Sêneca formula outra analogia com soldados, fazendo referência a um leque amplo de exemplos históricos famosos. Assim como um general envia apenas seus melhores soldados para as batalhas mais difíceis, Deus também envia os desafios mais difíceis apenas para os indivíduos mais capazes. Portanto, as adversidades estão presentes na vida de quem tem um caráter virtuoso.

Em contrapartida, o excesso de boa sorte é, na verdade, prejudicial para nós. Quando poderemos ser testados se nunca passarmos por nenhuma dificuldade? Como vamos desenvolver as virtudes da paciência, da coragem ou da resiliência se tudo sempre vai bem? Não há pior sorte, diz Sêneca, do que o luxo e a riqueza intermináveis, que servirão apenas para fazer de nós pessoas preguiçosas, complacentes, ingratas e cada vez mais gananciosas. Isso, sim, é uma verdadeira desgraça! Em compensação, seja qual for a adversidade que a vida lance em nossa direção, ela será sempre uma oportunidade de aprender algo sobre nós mesmos e de aprimorar nosso caráter.

À primeira vista, tudo isso parece depender da crença em uma divindade. As pessoas que acreditam em tal ser provavelmente identificarão algum valor no que Sêneca diz. Mas e aquelas que não compartilham dessa fé? Será que para elas tudo isso não passa de conversa fiada? Talvez possamos também nos perguntar se o próprio Sêneca acreditava em um Deus assim. Ele escreveu seu ensaio no final dos anos 30 d.C., bem antes de o cristianismo surgir de fato. Embora uma série de cartas supostamente trocadas entre Sêneca e São Paulo tenha circulado durante a Idade Média, elas já não são consideradas legítimas e é improvável que Sêneca tivesse algum conhecimento sobre a religião que acabava de surgir. Portanto, o Deus de Sêneca é o Deus dos estoicos, que eles identificavam como o princípio racional que dá vida à Natureza. O Deus deles não é uma pessoa, mas um princípio físico que explica a ordem e a organização do mundo natural (voltaremos a isso no próximo capítulo). Dessa forma, quando fala de "vontade de Deus", Sêneca está se referindo a esse princípio organizador que os estoicos associavam ao destino, e, nas palavras de Cícero, o destino estoico é o destino da física, não o da superstição.

Diante de tudo isso, será que devemos levar ao pé da letra as palavras de Sêneca sobre um pai rigoroso que nos submete a situações para nos testar? Seria tudo isso apenas um efeito retórico? Sem nos perdermos em perguntas sobre as crenças teológicas pessoais de Sêneca, acho que existe uma forma de abordar o que ele diz sobre a adversidade que se sustenta independentemente das visões religiosas de cada um. Quer acreditemos em uma divindade benevolente, em uma ordem panteísta ou no caos atômico, continua sendo inteiramente nossa a escolha de definir se um acontecimento é um desastre ou uma oportunidade. Ser demitido é uma calamidade ou uma chance de fazer algo novo? Embora uma coisa dessas seja inevitavelmente um desafio – ninguém está fazendo de conta que você pode simplesmente ignorar as consequências práticas de algo assim –, é possível escolher enxergá-la *como se* fosse um golpe terrível ou *como se* fosse um desafio positivo. E essa escolha só depende de nós. Também podemos perceber aqui uma diferença de ênfase entre Sêneca e Epicteto. Enquanto Sêneca propõe pensarmos em coisas que parecem ruins como boas de fato (ou, pelo menos, benéficas), Epicteto nos aconselha a dar pouquíssima atenção a esses acontecimentos, mantendo o foco estritamente em nossos juízos.

Sêneca, por conta da própria vida, sabia muito bem o que era passar por adversidades. Sua tentativa de extrair alguns pontos positivos de suas experiências foi, sem dúvida, uma das várias atitudes que o ajudou a suportar circunstâncias difíceis. Como ele escreveu para a mãe, Hélvia, quando estava no exílio na Córsega, "o infortúnio perene de fato traz uma bênção, a de acabar por fortalecer aqueles a quem aflige constantemente". A linguagem que Sêneca usa em *Sobre a providência divina* pode dar a entender que o filósofo gostava da luta, que estava disposto a receber o próximo ataque em nome dos benefícios que poderia tirar disso. Mas em uma das cartas para seu amigo Lucílio ele usa um tom bem diferente:

> Não concordo com aqueles que recomendam uma vida tempestuosa e mergulham direto nas ondas, travando uma luta vigorosa contra os obstáculos do mundo todos os dias de sua vida. O homem sábio suportará essas coisas sem se esforçar para encontrá-las; preferirá um estado de paz a um estado de guerra.

Ninguém em sã consciência vai atrás da adversidade, mesmo que ela possa ensinar algumas lições úteis ao longo do caminho. Porém, desenvolver habilidades para lidar com ela – porque em algum momento ela certamente chegará – só pode ser algo benéfico. Como Sêneca diz na carta para a mãe: "A adversidade recai com mais severidade sobre quem não a aguarda, mas é muito mais fácil enfrentá-la se a pessoa está preparada para isso." Essa ideia é desenvolvida em outra carta de consolação, desta vez para Márcia, uma amiga que vinha enfrentando o luto. Ela havia perdido um de seus filhos fazia cerca de três anos, mas seguia sofrendo muitíssimo. O período natural de luto chegara ao fim e a dor dela havia se tornado um pensamento habitual e debilitante. Era o momento de intervir.

A parte mais interessante da resposta de Sêneca para essa situação é o seu relato do que às vezes é chamado de antecipação de males futuros. Era algo defendido pelos primeiros estoicos, como Crisipo. A ideia é que se deve refletir sobre coisas potencialmente ruins que *podem* ocorrer, de modo que se esteja bem preparado para lidar com elas caso aconteçam. Parte do problema de Márcia, sugere Sêneca, é que ela nunca havia refletido adequadamente sobre a possibilidade da morte do filho. No entanto, sabemos que, a partir do instante do nascimento, todos estão destinados a morrer. Isso não é algo que *pode* acontecer, mas que necessariamente *vai* acontecer.

Segundo Sêneca, o luto fere duramente as pessoas porque elas não o anteveem. Vemos e ouvimos outras pessoas lidarem com a morte e o infortúnio o tempo todo, ainda mais hoje em dia, com o fluxo constante de notícias em nossas telas, mas raramente paramos para considerar como *nós* reagiríamos em circunstâncias semelhantes. Sêneca diz para Márcia – e para nós – uma série de coisas que talvez preferíssemos não ouvir: todos somos vulneráveis; nossos entes queridos inevitavelmente morrerão, e isso pode ocorrer a qualquer momento; a qualquer instante podemos ter arrancadas de nós a prosperidade e a segurança que temos, por forças que estão além do nosso controle. Mesmo quando pensamos que tudo está muito difícil, as coisas sempre podem piorar mais ainda. Será que estaríamos preparados caso a sorte se voltasse contra nós? Reagiríamos com a mesma calma e indiferença de quando vemos esse tipo de coisa sendo narrado nas notícias e afetando pessoas desconhecidas e distantes? Nessas situações, temos a tendência de apenas reconhecer que tal sofrimento é parte da vida, algo triste, mas inevitável. É fácil ser "filosófico" quando não está acontecendo conosco ou com nossos entes queridos, mas e quando chegar a nossa vez?

Sêneca diz que, diante de algum infortúnio, é simplesmente ilógico pensar "nunca achei que isso fosse acontecer comigo", principalmente quando se sabe que é algo que pode ocorrer e que já vimos acontecer com muitas outras pessoas. Por que não com você? No caso do luto, é ainda mais ilógico, dada a inevitabilidade da morte para todos os seres vivos. Ela tem que acontecer em algum momento, então por que não agora? É irracional esperar que a sorte dure para sempre. Sêneca acha que refletir sobre as adversidades que *podem* acontecer, além de sobre aquelas que *devem* acontecer em algum momento, pode ajudar a amenizar a situação, se ou quando ela chegar. É algo que pode reduzir o impacto e nos ajudar a estar mais preparados para suportá-la. Em suma, o conselho de Sêneca é que nos preparemos para todas as casualidades, incluindo aquelas que gostaríamos que não ocorressem e sobre as quais preferimos não pensar. Não devemos simplesmente supor que tudo sairá como esperamos, pois é improvável que isso aconteça. Essa é uma lição importante, ainda que incômoda.

5

Nosso lugar na Natureza

Em comparação com a vida de Sêneca, a de Marco Aurélio foi relativamente tranquila. Embora seu pai tenha morrido quando ele era muito jovem, Marco Aurélio foi adotado pela família imperial na adolescência e acabou se tornando imperador em 161, um mês antes de seu aniversário de 40 anos, permanecendo no posto até morrer, em 180. Seu reinado é amplamente considerado um dos melhores períodos da história do Império Romano, ainda que Marco Aurélio tenha passado grande parte dele em guerra nas fronteiras do norte. Foi quase no fim da vida, enquanto estava em campanha na Germânia, não muito longe da atual Viena, que ele fez uma série de anotações endereçadas para si mesmo em um caderno, numa tentativa de processar as experiências do dia que passou e se preparar para o seguinte.

Suas *Meditações* atraíram um número incalculável de leitores desde que foram impressas pela primeira vez, no final do século XVI – de Frederico, o Grande, a Bill Clinton. E atraíram não apenas pessoas que, como o autor, se viam enfrentando as pressões da liderança nos mais altos escalões. Qualquer pessoa pode pegar o livro e encontrar inspiração nele, como o jovem que me escreveu para comentar: "Tenho 23 anos, a vida é difícil e confusa, não sei qual é meu propósito, mas as *Meditações* de Marco Aurélio me ajudaram muito." Ele é apenas uma das muitas pessoas que consideram as *Meditações* um guia útil, se não capaz de salvar vidas. Um dos motivos para isso é que os leitores acabam se identificando com Marco Aurélio, que mostra um lado muito humano, lutando com as pressões da vida cotidiana, das responsabilidades do ambiente de trabalho e das reuniões sociais. Ele pode ter sido imperador romano e, posteriormente, conquistado a reputação de sábio filósofo estoico, mas o que encontramos nas *Meditações* é apenas a realidade de um homem de meia-idade esforçando-se ao máximo para lidar com as exigências da vida.

Um dos temas centrais que perpassa as *Meditações* é o destino. Isso nos leva de volta à preocupação de Epicteto com o controle. Quando jovem, Marco

Aurélio leu as *Diatribes*, cuja influência pode ser percebida em seus escritos. Mas enquanto Epicteto voltava a atenção para dentro, para se concentrar no que podemos controlar, Marco Aurélio olhava para fora, a fim de contemplar a vastidão do que não podemos controlar. Várias e várias vezes ele reflete sobre a própria vida como apenas um ínfimo instante na imensidão do tempo, e sobre seu corpo como uma mera partícula na imensidão do universo.

Que ínfima parcela do abismo infinito do tempo foi concedida a cada um de nós – e ela logo se dissipa na eternidade; que ínfima parcela da substância universal e da alma universal; como é ínfimo em toda a Terra o mero torrão sobre o qual você se arrasta.

Em outro trecho, Marco Aurélio imagina observar a Terra de uma grande altura – como os astronautas fazem hoje em dia – e perceber como cada país é diminuto e como as grandes cidades são minúsculas. E as pessoas que vivem nessas cidades, todas cheias de cuidados e preocupações, são praticamente nada quando vistas dessa perspectiva cósmica. De tal ponto de vista, pode parecer que o universo não se importa conosco. Mas por que deveria se importar?

A rigor, essa não é a visão estoica. Os estoicos não pensavam que a Natureza fosse uma massa indiferente de matéria em movimento. Como vimos no capítulo anterior, Sêneca apresenta a Natureza sob o controle de uma divindade paternalista. A visão estoica oficial é de que existe um princípio racional intrínseco à Natureza, responsável por sua ordem e sua vida. Eles o chamam de "Deus" (Zeus), mas não se trata de uma pessoa nem de nada sobrenatural – é a Natureza, simplesmente. A Natureza não é caótica, mas ordenada e bela, com ritmos e padrões próprios. Não é composta por matéria morta; é um organismo vivo único, do qual todos somos parte.

Se isso parece destoar muito do que a ciência nos diz sobre a Natureza, talvez possamos tentar traçar um paralelo com o que é conhecido como a hipótese de Gaia, desenvolvida por James Lovelock. A ideia é que a vida na Terra é melhor compreendida como um sistema vivo único, que inclui não apenas matéria orgânica, mas também coisas inorgânicas, como rochas e a atmosfera. É um erro tentar entender organismos como plantas e animais de forma isolada. Esta biosfera singular e unificada regula a si mesma, atuando, por assim dizer, em benefício próprio. Lovelock define Gaia como

> uma entidade complexa que envolve a biosfera, a atmosfera, os oceanos e o solo; a totalidade que constitui um sistema de retroalimentação ou ciber-

nético que busca um ambiente físico e químico ideal para a vida neste planeta.

Como todas as teorias científicas, esta tem o objetivo de propor a melhor explicação para as evidências disponíveis. Ela propõe uma forma de princípio organizador intrínseco à Natureza que atua em benefício da vida. Esse princípio pode ser explicado em termos técnicos – um sistema cibernético – ou apresentado de forma mais poética como "Gaia". A visão estoica da Natureza tem muito em comum com essa teoria científica do final do século XX, que algumas vezes é descrita em termos puramente físicos, e em outras na linguagem da teologia grega. Para os estoicos, "Deus" e "Natureza" são apenas nomes diferentes para o mesmo organismo vivo que abrange todas as coisas.

A Natureza estoica, concebida como um organismo inteligente, é regida de acordo com o destino. Por "destino" os estoicos queriam dizer simplesmente um encadeamento de causas. O mundo natural é regido por relações de causa e efeito, e é isso que a física tenta descrever e compreender. Para estoicos como Marco Aurélio, aceitar a realidade do destino – da causalidade – é essencial. A questão não é apenas que certas coisas estão fora de nosso controle, e sim que elas não poderiam ser diferentes. Podemos reconhecer que não tem como controlar o resultado de algum acontecimento importante e, ao mesmo tempo, desejar que as coisas tivessem acontecido de outra forma. Para os estoicos, porém, os fatos não só não estão sob o controle de ninguém como não poderiam ocorrer de nenhuma outra forma, dadas todas as causas em jogo no momento.

Isso pode soar um pouco fatalista: como nós, ínfimas partículas de matéria, podemos fazer algo diante das forças arrasadoras que moldam o mundo? No entanto, essa seria uma falsa impressão, pois os estoicos certamente não defendiam esse tipo de passividade. Nossas ações podem fazer e fazem diferença. Elas podem, por si sós, ser causas em jogo que colaboram para o desenrolar dos acontecimentos. Como disse uma fonte antiga, o destino opera *por meio* de nós. Nós somos *colaboradores* do destino e partes do mundo natural que ele governa. Mas isso não muda o fato de que quando algo ocorre, dadas as várias causas em jogo, o resultado não poderia ser diferente. É inútil, portanto, desejar que as coisas tivessem sido diferentes. Marco Aurélio formula essa ideia da seguinte maneira:

> A Natureza tudo dá e tudo toma de volta. O homem que aprendeu a ser humilde diz a ela: "Dê o que quiser; tome o que quiser." E ele não diz isso provido de um espírito desafiador, mas simplesmente como um súdito leal.

Para os estoicos, refletir sobre o destino é um elemento central na resposta à adversidade, porque uma das etapas necessárias à aceitação dos eventos desagradáveis consiste em reconhecer que eles *tinham* que acontecer. Assim que entendemos que algo era inevitável, percebemos que a lamentação é inútil, que ela apenas vai gerar mais angústia, e ainda revela uma incapacidade de compreender como o mundo funciona.

Esse ponto de vista de Marco Aurélio contém uma mudança de ênfase em relação ao que vimos em Sêneca. Enquanto Sêneca enfatizava a ordem providencial intrínseca à Natureza, Marco Aurélio se concentrava mais na inevitabilidade dos acontecimentos. Em vários trechos das *Meditações* ele parece se questionar se a Natureza é um sistema racional e providencial ou meramente um acúmulo aleatório de átomos se chocando em um vazio infinito. Marco Aurélio não era físico e seus deveres como imperador mal permitiam que tivesse tempo de investigar o assunto em detalhes, porém a opinião dele era de que, na prática, não importa muito. Quer a Natureza seja governada por uma divindade, quer seja um sistema de retroalimentação cibernético, um destino cego ou simplesmente o produto de interações atômicas que ocorrem ao acaso, de nossa parte a reação deve ser sempre a mesma: aceitar o que acontece e agir da melhor forma possível.

Em outro trecho das *Meditações* – em passagens escritas em dias diferentes, em estados de espírito diferentes e à luz de acontecimentos diferentes –, Marco Aurélio parece ter uma visão muito mais clara sobre a questão:

> O impulso da Natureza Universal foi criar um mundo ordenado. Conclui-se, portanto, que tudo que está acontecendo agora deve seguir uma sequência lógica; senão, o propósito superior para o qual os impulsos da Razão-Mundo são orientados seria irracional. Lembrar-se disso ajudará você a enfrentar muitas coisas com mais calma.

Quer a Natureza seja ordenada providencialmente para o nosso benefício, como afirmou Sêneca, quer não, Marco Aurélio acredita que a percepção de que existe alguma espécie de ordem e razão para as coisas que acontecem pode nos ajudar a lidar com tudo o que cruza nosso caminho. Há sempre algum motivo para tudo o que acontece, mesmo que seja apenas a consequência inevitável da combinação do estado anterior das coisas com as leis da física.

Existem outras características do mundo físico nas quais Marco Aurélio também acredita em que devemos prestar muita atenção. O trecho a seguir merece ser citado na íntegra:

Crie o hábito de observar regularmente o processo universal de mudança; seja assíduo em relação a isso e aprenda as minúcias desse ramo do conhecimento; não há nada mais engrandecedor para a mente. Pois quando o homem percebe que a qualquer momento ele pode ter que deixar tudo para trás e se separar de seus companheiros, ele se despoja do corpo e, a partir de então, se dedica integralmente a servir à justiça em suas ações pessoais e a obedecer a Natureza em tudo o mais. Nenhum pensamento é desperdiçado com aquilo que os outros podem dizer ou pensar dele, nem fazer contra ele; a ele bastam duas coisas: a justiça em sua conduta diária e a satisfação com tudo o que o destino lhe atribui.

A lição aqui é que somos apenas partes da Natureza, à mercê de suas forças superiores e inevitavelmente carregados por seus movimentos. Até compreendermos isso plenamente, nunca seremos capazes de desfrutar de uma vida harmoniosa.

6

Vida e morte

Nenhum de nós sabe quando ou como vai morrer, mas sabemos que um dia tudo o que estamos vivenciando chegará ao fim. Quantos têm plena consciência disso ao longo da vida? A maioria de nós conhece histórias de pessoas que chegaram perto da morte ou foram diagnosticadas com uma doença grave e saíram dessas situações com um apreço renovado e fortalecido pela vida e pelo tempo que lhes resta. Para quem não passou por esse tipo de experiência, é fácil esquecer a própria mortalidade e o tempo bem limitado que lhes resta.

Como já vimos, não há dúvidas de que Sêneca estava consciente de que sua vida poderia chegar ao fim a qualquer instante, fosse por problemas de saúde ou por conta de um imperador irascível. Isso o levou a refletir sobre o valor do tempo e a melhor forma de usá-lo. O que pode ser uma surpresa para alguns é que ele insistia na ideia de que o tempo que nós temos é mais do que suficiente, por mais longa ou curta que nossa vida venha a ser; o problema é que desperdiçamos a maior parte dele. Dizer que o tempo é a coisa mais valiosa que temos pode soar como só mais uma obviedade, mas, novamente, devemos refletir sobre quantos de nós de fato vivemos levando isso em conta.

Em seu ensaio *Sobre a brevidade da vida*, Sêneca diz que, para muitos, quando estamos realmente prontos para começar a viver, nossa vida já está quase no fim. Mas não é que a vida seja curta demais; o problema é que perdemos muito tempo. Procrastinamos, investimos em coisas de pouco ou nenhum valor ou vagamos pela vida sem rumo, sem um foco. Algumas pessoas se esforçam para alcançar um patamar de riqueza que lhes permita adquirir bens luxuosos que acabarão indo para o lixo muito antes de elas morrerem. Com isso, desperdiçam a maior parte da vida. Outras não se esforçam para nada, apenas seguindo o fluxo da rotina sem perceber que o bem mais valioso que possuem – o tempo – está se esvaindo. Há ainda aquelas que têm uma ideia nítida do que querem fazer, mas, paralisadas pelo medo do fracasso, adiam ou deixam as coisas de lado, inventando desculpas para justificar que não era a hora de agir. Segundo Sêneca, todos esses tipos de pessoa deixam de viver.

São raros os momentos em que a maioria das pessoas se sente viva de verdade. Durante a maior parte da vida, apenas deixamos o tempo passar. Então qual é a solução? De acordo com Sêneca, como podemos assumir o controle da nossa vida e vivê-la ao máximo?

Em primeiro lugar, devemos parar de nos preocupar com o que os outros pensam. Não tente impressionar os outros; não busque o apoio de ninguém para garantir alguma vantagem. Muitas pessoas se importam com o que as outras pensam, mas não prestam tanta atenção nos próprios pensamentos. Sacrificam o tempo pelos outros, mas raramente reservam tempo para si. No entanto, insinua Sêneca, é absurdo que alguém seja tão zeloso com dinheiro e posses e, ainda assim, gaste gratuitamente seu tempo, que é muito mais valioso.

Também precisamos ter em mente o fato bruto de que vamos morrer. Nosso tempo não é ilimitado. Boa parte dele já se foi. E não é só isso: também não fazemos ideia de quanto ainda está por vir. Hoje pode ser seu último dia de vida, inclusive. Talvez amanhã. Você pode ter semanas, meses, alguns anos – a verdade é que nenhum de nós sabe. É muito fácil imaginar que cada um de nós chegará aos 80 ou 90 anos, mas talvez não seja o caso para todos. Essa suposição pode ser falsa, mas mesmo assim nos encoraja a adiar as coisas para um futuro que pode nunca chegar. Sêneca zomba de quem posterga todos os seus planos e sonhos até a aposentadoria. Você tem certeza de que vai chegar lá? E se chegar, tem certeza de que terá saúde para fazer o que está adiando há tanto tempo? E mesmo que tudo corra bem, por que adiar a vida até que a maior parte dela já tenha passado?

Há também outra questão: saber no que vale a pena investir. Para muitas pessoas, o objetivo é alguma forma de sucesso, seja riqueza, fama, respeito, honra ou promoções e cargos altos. Mas Sêneca observa que muitas das pessoas que alcançam o sucesso estão longe de se sentirem satisfeitas, pois com ele vem uma série de exigências e pressões. Depois de conquistarem tudo o que sempre quiseram, ainda lhes falta uma coisa: tempo. Tempo para si, para terem paz e tranquilidade, lazer e descanso.

Mas não são apenas as exigências que vêm com o sucesso. É muito fácil viver em um estado de distração contínua, sem nunca prestar atenção no que deveríamos estar fazendo, no que realmente queremos fazer ou mesmo na simples experiência de estar vivo. Barulho constante, interrupções, notícias, mídia, redes sociais – todas essas coisas podem exigir tanto de nossa atenção que fica difícil se concentrar para concluir algo. Como afirma Sêneca, "viver é a atividade menos importante dos homens ocupados". Eles estão empenhados em não fazer nada, e, uma vez que esse hábito se desenvolve, entram em um estado contínuo de inquietação, sendo incapazes de relaxar ou de se concentrar em qualquer coisa. Essas pessoas só se tornam plenamente conscientes do valor da vida quando ela já está quase no fim.

Se não enfrentarmos essas questões, argumenta Sêneca, não importa quanto tempo mais teremos de vida. Mesmo se vivêssemos mil anos, desperdiçaríamos a maior parte deles. A tarefa, portanto, não é nos esforçarmos para que nossa vida dure o máximo de tempo possível, mas apenas garantir que aproveitaremos e utilizaremos plenamente cada dia, sem esquecer que talvez seja o último.

Aprender a viver bem é, paradoxalmente, uma tarefa que pode levar uma vida inteira. No passado, acrescenta Sêneca, as pessoas mais sábias desistiam da busca por prazer, dinheiro e sucesso a fim de concentrar a atenção nessa única tarefa. Embora elas talvez não chegassem a um consenso sobre a solução, Sêneca reforça que preservar nosso tempo e dedicá-lo a nós mesmos é essencial:

> Todo mundo apressa a própria vida e é perturbado por certo anseio pelo futuro e pelo cansaço do presente. Mas o homem que gasta todo o seu tempo

com as próprias necessidades, que organiza cada dia como se fosse seu último, não anseia nem teme o dia seguinte.

Essa ideia de viver como se cada dia fosse o último pode soar um pouco mórbida, além de parecer excluir o planejamento para o futuro. Vale a pena enfatizar que Sêneca não recomenda pensarmos que esse *é realmente* nosso último dia. Pelo contrário, ele está nos lembrando de levar em conta que *poderia ser*. Simplesmente não sabemos quando tudo isso vai acabar, esse é o problema. Se soubéssemos que só nos resta um ano, poderíamos ao menos planejar e organizar direito o tempo que ainda temos, garantindo que nenhum instante fosse desperdiçado. Mas, sem essa sensação de urgência, é muito fácil desperdiçá-lo.

A partir dessa nova noção do valor do tempo e de um esforço decidido de priorizar nosso lazer, o que Sêneca acredita que devemos fazer? Ele logo descarta os jogos e a prática de esportes, bem como a atividade típica dos feriados, que ele chama de "deixar o corpo torrando ao sol". Na verdade, ele se opõe a muitas coisas que descreveríamos como "atividades de lazer". Em vez disso, ele indica a filosofia como a melhor e mais valiosa atividade a que podemos nos dedicar, pois engloba pensamento, aprendizado, leitura de história e literatura, reflexão sobre o passado e o presente. É o contrário de correr de um lado para outro em busca de sucesso financeiro e profissional, que, segundo ele, é "obtido às custas da vida".

O ensaio de Sêneca é polêmico e vai contra o que ele via como a superficialidade da cultura das pessoas relativamente ricas na Roma do século I. É impressionante – e, de certa forma, também assustador – como tudo isso continua aplicável nos dias de hoje. Gostamos de pensar que a humanidade avançou e, com sorte, melhorou ao longo dos últimos 2 mil anos, mas Sêneca mostra que muitas das questões que as pessoas enfrentam hoje não diferem daquelas que preocupavam os habitantes da Roma imperial.

Mais ou menos 50 anos depois de Sêneca, Epicteto refletiu sobre a vida e a morte com seus alunos em Nicópolis. Nos registros dessas discussões, Epicteto várias vezes descreve a vida como um presente, algo que nos foi dado, mas que também pode ser retirado. Ela não pertence a nós, e sim a quem a deu, a Natureza. Ao discutir essa força superior, ele diz:

> Agora queres que eu deixe a feira, por isso vou, sentindo apenas gratidão, pois me foi permitido partilhar contigo da celebração.

A vida é um evento, como uma feira ou uma festa, e, como todos esses eventos, tem que chegar ao fim.

A nós, cabe agradecer ao anfitrião pela diversão ou lamentar o fato de não poder ficar por mais tempo.

Sua vida, portanto, é um presente, e um dia você terá que devolvê-lo. Isso também se aplica à vida dos seus entes queridos:

> Sob nenhuma circunstância diga "perdi algo", apenas "o devolvi". Um filho seu morreu? Não, foi devolvido. Sua esposa morreu? Não, foi devolvida.

Tudo o que temos e amamos é meramente emprestado. Não podemos ficar com nada para sempre, até porque não estaremos aqui para sempre. É tentador dizer isso como uma verdade trágica e doce-amarga sobre a existência humana, mas o próprio Epicteto é muito mais direto a esse respeito:

> Você é tolo se quer que seus filhos, sua esposa ou seus amigos sejam imortais; isso exige poderes maiores do que você e dons que não cabe a você possuir ou oferecer.

De uma forma bem objetiva, Epicteto diz que a morte, seja a nossa ou a de outra pessoa, não tem nada de terrível, pois, se tivesse, Sócrates a teria julgado assim. O fato de figuras conhecidamente sábias terem enfrentado a morte com tranquilidade deve nos fazer parar para refletir, sugere ele. A crença de que a morte é algo terrível é apenas um produto de nosso juízo. Podemos escolher pensar de forma diferente. Inclusive, Epicteto insiste que *devemos* pensar de forma diferente, porque o juízo de que a morte é terrível baseia-se em um erro. O fato de estarmos vivos é por si só indiferente e, em todo caso, algo que não está sob nosso controle.

O objetivo de Epicteto com tudo isso é reduzir nossa ansiedade em relação à morte e acalmar nossa dor perante a perda de entes queridos. Mas, assim como Sêneca, ele também quer que aproveitemos a vida que temos. Sua vida não lhe pertence, pode ser tirada de você a qualquer momento. Portanto, aproveite-a. Quase no fim do *Manual*, Epicteto compara a vida aos Jogos Olímpicos: a competição cabe a nós, você não pode adiar mais, e tudo depende do que fizer agora, neste dia.

7

Como convivemos

Muito do que vimos até agora foi autocentrado – egocêntrico e egoísta, um crítico poderia dizer. A distinção que Epicteto faz entre o que podemos e o que não podemos controlar parece recomendar que viremos as costas para o mundo exterior a fim de concentrar a atenção em nossos juízos. Em uma imagem inesquecível, Marco Aurélio descreve o refúgio em sua "cidadela interior" para escapar do mundo externo. Esse tipo de afastamento do mundo exterior, ignorando todos os outros para nos concentrarmos apenas em nosso próprio bem-estar, é realmente o que os estoicos recomendam?

De modo algum. Não somos entidades individuais e isoladas; somos partes da Natureza. Os estoicos também concordariam com Aristóteles quando ele diz que os seres humanos são por natureza animais sociais e políticos. Nascemos em comunidades: dentro de uma família, mas também em uma comunidade local, no nosso país e, por fim, como parte da comunidade humana. Além do mais, a atitude estoica de voltar-se para dentro, como já vimos, tem como objetivo cultivar traços bons e virtuosos e evitar emoções nocivas e antissociais, como a raiva. A ideia é, posteriormente, nos voltarmos para fora a fim de desempenhar nossos papéis como membros mais capacitados das várias comunidades de que necessariamente fazemos parte.

Aliás, é Epicteto quem mais salienta que cada um de nós exerce vários papéis sociais. Alguns desses papéis nos são atribuídos pela Natureza, sugere ele. Ser pai ou mãe não é algo construído socialmente, pois vemos que os animais cuidam de seus filhotes, assim como nós. Mas há outros papéis ligeiramente diferentes ligados a posições sociais ou cargos que podemos ter. Alguém que assume o papel de médico ou magistrado, por exemplo, se compromete com uma série de deveres e responsabilidades que acompanham o cargo, e tendemos a julgar com bastante severidade alguém que abusa ou descuida desse tipo de posição importante. Por isso, se quisermos ter uma vida boa, teremos que ser bons seres humanos. Isso significa não só abraçar nossa natureza como seres racionais e sociais, mas também fazer jus aos vários papéis que exercemos e aceitar as responsabilidades que os acompanham.

Epicteto dá um bom exemplo disso. Um homem importante foi visitar sua escola em Nicópolis. Ele era magistrado e, portanto, supostamente tinha alguma noção dos deveres e responsabilidades que acompanham certos papéis. Além disso, também era pai. Ao ser questionado sobre o bem-estar de sua família, o homem respondeu que sua filha estivera tão doente que ele não suportara ficar com ela e vê-la em tal condição. Por isso, tinha fugido. Epicteto o censura por duas coisas: a obsessão egoísta com os próprios sentimentos enquanto menospreza os sentimentos dos outros, principalmente os da filha, e a negligência de seu papel de pai. Epicteto também contesta a incoerência do comportamento do homem, pois ele certamente não gostaria que *todos* abandonassem sua filha enquanto ela está doente, deixando-a sozinha, nem que todos o abandonassem se estivesse doente. Ele afirma ter fugido por amor à filha, quando, como pai, seu amor por ela deveria ter feito com que ficasse. Ele foi incapaz de cumprir seu papel.

Além de termos papéis específicos, como o de pais, também podemos pensar que somos membros de uma comunidade maior de pessoas e, ampliando ainda mais, que integramos a espécie humana. Isso envolve algum dever ou responsabilidade? Os estoicos acreditam que sim. Temos o dever de cuidar de todos os outros seres humanos e, segundo eles, à medida que desenvolvemos nossa racionalidade, passamos a nos ver como membros de uma única comunidade global composta por toda a humanidade. Um estoico do período imperial um pouco menos conhecido chamado Hiérocles (sobre quem não sabemos quase nada) expôs em seu tratado sobre ética estoica a ideia de que cada um de nós está no centro de uma série de círculos de afeto em expansão, que começa conosco, incluindo em seguida nossa família imediata, depois nossa comunidade local e, por fim, toda a humanidade. A ideia moderna de cosmopolitismo, portanto, tem origem nos estoicos.

Vale destacar, no entanto, que isso não significa que você deva negligenciar seu lugar em sua comunidade local. Em uma passagem famosa, Sêneca explica:

> Compreendamos que existem duas comunidades: uma, um estado vasto e verdadeiramente comum, que abrange tanto deuses quanto homens, na qual não olhamos nem para este nem para aquele canto da Terra, mas medimos os limites de nossa cidadania pela trajetória do sol; a outra, aquela à qual fomos designados pelo acaso do nascimento.

O essencial aqui é perceber que somos membros de *ambas* as comunidades. Assim, temos responsabilidades para com nossa comunidade local, mas também o dever, que transcende os costumes e as leis locais, de cuidar de toda a humanidade. Nas ocasiões em que as duas podem entrar em conflito, é a humanidade que deve vir primeiro, mas isso não faz com que a comunidade local perca sua importância.

Na verdade, havia uma longa tradição de envolvimento estoico na política em Roma. No século I d.C., Sêneca estava longe de ser o único estoico a entrar em conflito com vários dos imperadores e, assim como ele, uma quantidade considerável de filósofos perdeu a vida nas mãos de Nero. Um deles foi Helvídio Prisco, tribuno, juiz e membro do Senado. Estudante de filosofia na juventude, ele foi, como Sêneca, exilado em mais de uma ocasião, primeiro por suas associações políticas e depois por suas críticas ao regime flaviano. Ele é lembrado principalmente por desafiar o imperador Vespasiano, confronto que Epicteto relata. Quando Helvídio percebeu que Vespasiano estava abusando da autoridade do Senado, ele se recusou a recuar. Aconselhado a se afastar, Helvídio insistiu em enfrentar o imperador para defender seus direitos – e de todos os membros do Senado. Foi executado por causar problemas.

Em vez de se isentar do papel de senador ou de seu dever para com a comunidade, Helvídio se dispôs a morrer por seus princípios políticos. Mais tarde, Marco Aurélio mencionaria Helvídio, bem como outros mártires estoicos, como uma das pessoas com quem ele aprendera "a concepção de uma comunidade baseada na igualdade e na liberdade de expressão para todos, e de uma monarquia preocupada principalmente em defender a liberdade do súdito".

Além de pensar sobre a política tradicional e como desempenhar bem seu papel como imperador, Marco Aurélio também se envolveu com a ideia de uma comunidade maior, que abraçasse toda a humanidade. Somos todos partes de uma única comunidade, partes de um único organismo, como galhos de uma árvore, comparou ele. A fim de permanecermos como parte dessa ampla comunidade, devemos manter boas relações com todos os outros membros:

> Um ramo cortado do galho vizinho é necessariamente cortado de toda a árvore. Da mesma forma, um ser humano isolado de outro foi desligado de toda a comunidade. O galho é cortado por alguém, já o homem se separa do próximo por seu próprio ódio ou rejeição, sem perceber que assim ele se separou da ampla sociedade de concidadãos.

Ninguém consegue ser feliz quando vive isolado de outros seres humanos; isso simplesmente vai de encontro à nossa natureza como animais sociais.

O que vimos até agora sugere que os estoicos estavam comprometidos com a igualdade entre as pessoas. Esse foi um tópico abordado por outro estoico romano de que ainda não tratamos. Ele se chamava Musônio Rufo, era natural da Itália e lecionou filosofia em Roma no século I d.C. Assim como os estoicos assassinados por Nero, Epicteto assistiu às palestras de Musônio e o menciona várias vezes nas *Diatribes*.

Como Sêneca, Musônio sofreu nas mãos de vários imperadores, tendo sido exilado por Nero e Vespasiano em diferentes ocasiões. Por um tempo, ele foi banido para a estéril ilha grega de Giaros, vivendo sem água potável até descobrir ele próprio uma fonte. Mas ele não ficou sozinho por muito tempo, pois admiradores viajaram até lá para vê-lo.

Temos relatos de várias de suas palestras, que, como no caso de Epicteto, foram registradas por um estudante admirador. Em uma dessas palestras, pergunta-se a Musônio se as mulheres deveriam ter permissão para estudar filosofia. Ele responde que as mulheres têm exatamente a mesma capacidade de raciocínio que os homens e, inclusive, a mesma inclinação natural para a virtude. Ele sugere que estudar os tópicos de que falamos nos capítulos anteriores seria benéfico para as mulheres, assim como para os homens.

Embora isso não pareça uma ideia muito radical hoje – na verdade, pode parecer até bastante condescendente –, vale a pena lembrar que coisas como educação universal e direito de voto para mulheres não têm muito mais de cem anos, mas Musônio defendeu pelo menos alguma forma de igualdade de gênero há cerca de 2 mil anos. Para os estoicos, portanto, pessoas são pessoas, com a mesma racionalidade e o mesmo instinto de virtude.

Esse foco na sociabilidade e na igualdade se contrapõe à ideia de que os estoicos eram indiferentes às outras pessoas. Mas isso também não significa que devemos estar acompanhados o tempo todo. Na verdade, Epicteto advertiu contra a companhia de outras pessoas, especialmente quando se está tentando implementar uma mudança na própria vida. É muito difícil tentar se libertar de hábitos antigos ou padrões destrutivos de comportamento quando estamos cercados por pessoas que ainda os adotam. Nas palavras de Epicteto, se esbarrar em alguém coberto de fuligem, você ficará coberto de fuligem também.

Epicteto estava se dirigindo a seus alunos em Nicópolis, que, como muitos estudantes universitários hoje, estavam longe de casa e prestes a entrar de férias. Eles deveriam se reunir com antigos colegas de escola se estivessem tentando se libertar de alguns aspectos da vida que levavam antes? O risco era que voltassem aos hábitos do passado, retornando aos seus antigos padrões de comportamento para se encaixar. Epicteto os aconselhou a serem extremamente cautelosos, recomendando que evitassem ao máximo a companhia de outras pessoas até que os hábitos novos, desejados por eles, se desenvolvessem e fossem incorporados.

Mas isso não conduz necessariamente ao isolamento social. Há pessoas com quem é bom passar o tempo: pessoas com bons hábitos, pessoas que seguem o mesmo caminho que você, pessoas que entendem e valorizam o que você está tentando fazer. Um dependente de álcool em recuperação pode se sentir encorajado por seu grupo de apoio a seguir firme nessa nova trajetória, mas ser tentado por antigos companheiros de bebida. Epicteto afirma que devemos analisar dessa maneira todos os aspectos da vida e ponderar com muito cuidado sobre as pessoas com quem passamos nosso tempo, a influência que elas podem ter sobre nós e como podemos acabar inconscientemente imitando o que elas pensam e fazem.

Portanto, se você está tentando desenvolver hábitos novos e positivos, pode ser melhor evitar a companhia daqueles cuja vida incorpora tudo aquilo de que você está tentando se libertar. Tente passar tempo com pessoas que têm valores que você admira ou compartilha. Esse é um dos motivos pelos quais os filósofos da Antiguidade tendiam a se agrupar em escolas. E provavelmente também está por trás das tradições monásticas de várias religiões do mundo. Era por isso que os aspirantes estoicos da Antiguidade se reuniam em lugares como a escola de Epicteto, e é por isso que hoje as pessoas que querem recorrer ao estoicismo no dia a dia muitas vezes desejam entrar em contato, de forma virtual ou pessoalmente, com outras que estejam tentando fazer o mesmo. Apesar da advertência de Epicteto sobre desperdiçar o tempo com companhias inadequadas, ele também apresenta bons motivos pelos quais o aprendizado estoico pode se beneficiar das relações sociais.

Nossa lição final é que somos, por natureza, partes de uma série de comunidades, tanto locais quanto globais. Estaremos apenas nos enganando se pensarmos que somos indivíduos isolados que podem ignorar a sociedade. Em Roma, os estoicos mais empenhados estavam dispostos a enfrentar tiranos por seus princípios. Com essa atitude, eles encarnavam as virtudes da coragem e da justiça. Longe de recomendar a passividade política, o estoicismo nos encoraja a viver de acordo com os mais elevados padrões de ação.

Epílogo

Muitas das ideias que analisamos estão habilmente resumidas em uma passagem de Sêneca na carta de consolação que ele enviou à mãe. Ela lamentava a perda do filho, e ele estava exilado na Córsega, sem saber o que o imperador Cláudio faria em seguida para prejudicá-lo:

> A Natureza quis que não fossem necessários grandes instrumentos para uma vida boa: todo indivíduo pode se fazer feliz. Os bens externos são triviais e não têm muita influência: a prosperidade não engrandece o sábio e a adversidade não o diminui. Pois ele sempre se esforçou para confiar o máximo possível em si e extrair de seu interior toda a alegria.

Essas ideias têm se propagado através dos tempos desde então. Sêneca foi amplamente lido durante a Idade Média, a Renascença e até o Iluminismo do século XVIII. O breve *Manual* de Epicteto foi adaptado para uso como guia para monges no início do período medieval. As *Meditações* de Marco Aurélio se tornaram um dos livros mais vendidos na Inglaterra vitoriana e continuam sendo uma das obras de filosofia mais populares desde então. Muitas das principais ideias estoicas que discutimos foram importantes influências no desenvolvimento de formas de terapia cognitivo-comportamental em meados do século XX, como a terapia racional-emotiva comportamental.

Desde 2012, mais de 20 mil pessoas participaram de uma experiência global on-line para descobrir se viver como um estoico por uma semana pode melhorar a sensação de bem-estar. Os resultados sugerem que sim. Aqueles que fizeram um experimento de um mês perceberam benefícios ainda maiores. Desafiando todos os estereótipos, o traço de caráter que mais se intensifica para as pessoas que seguem a orientação estoica é o entusiasmo, um sentimento de energia e ânimo frente à vida.

Acredito que refletir sobre as questões que os estoicos abordavam pode ser benéfico para todos nós, mas, como eles insistiriam em ressaltar, o verdadeiro benefício só vem se incorporarmos essas ideias ao nosso dia a dia. É aí que começa o trabalho mais difícil.

Leituras recomendadas

Todas as obras dos três estoicos romanos contam com traduções para o inglês, e algumas para o português. Entre elas:

Epicteto, *Diatribes de Epicteto, As*, livro 1. Classica Digitalia, 2019.
Epicteto, *Discourses and Selected Writings*. Penguin Classics, 2008.
Epicteto, *Lições de um estoico*. Auster, 2021.
Epicteto, *Manual de Epicteto, O*. Classica Digitalia, 2014.
Epicteto, *Of Human Freedom*. Penguin Books, 2010.
Marco Aurélio, *Meditações: O diário do imperador estoico Marco Aurélio*. Edipro, 2019.

Sêneca, *Cartas de um estoico, vol. I, II e III*. 2ª ed. Montecristo, 2021.

Sêneca, *Cartas selecionadas*. Auster, 2020.

Sêneca, *Sobre a brevidade da vida*. Auster, 2022.

Sêneca, *Dialogues and Letters*. Penguin Classics, 1997.

Sêneca, *Sobre a brevidade da vida/ Sobre a firmeza do sábio*. Penguin-Companhia, 2017.

Quem desejar se aprofundar em Sêneca pode encontrar todas as obras dele traduzidas recentemente para o inglês, com notas, na série *The Complete Works of Lucius Annaeus Seneca*, publicada pela University of Chicago Press entre 2010 e 2017.

Muitos livros têm sido escritos destacando como as pessoas podem usar as ideias estoicas hoje, entre eles:

Donald Robertson, *Stoicism and the Art of Happiness*. Hodder & Stoughton, 2013.

Ryan Holiday e Stephen Hanselman, *Diário estoico*. Intrínseca, 2021.

Massimo Pigliucci, *How To Be a Stoic*. Rider, 2017.

William Irvine, *A Guide to the Good Life*. Oxford University Press, 2009.

Quem tem interesse em aprender mais sobre os estoicos romanos pode ler:

Pierre Hadot, *The Inner Citadel: The Meditations of Marcus Aurelius*. Harvard University Press, 1998.
A. A. Long, *Epictetus: A Stoic and Socratic Guide to Life*. Oxford University Press, 2002.
Emily Wilson, *Seneca: A Life*. Allen Lane, 2015.

Pessoas curiosas em saber mais sobre a filosofia do estoicismo, especialmente de acordo com os antigos estoicos atenienses, podem começar por:

Brad Inwood, *Stoicism: A Very Short Introduction*. Oxford University Press, 2018.
John Sellars, *Stoicism*. Routledge, 2014.

Há muitos sites e tantos outros recursos on-line dedicados ao estoicismo. Mencionarei apenas um: www.modernstoicism.com, da mesma equipe que promove a Stoic Week – um experimento anual que convida pessoas a viver como os estoicos por uma semana, a fim de perceberem que impacto isso poderia ter em sua percepção de bem-estar – e a Stoicon – reunião anual de pessoas interessadas em trazer o estoicismo para sua rotina.

Referências

CAPÍTULO 1

Epicteto se refere à escola filosófica como um hospital em *Diatribes* 3.23.30. Sócrates formula a analogia entre o filósofo e o médico em *Alcibíades* 127e-130c e encoraja as pessoas a cuidar da própria alma na *Apologia* 29d-30b, duas obras de Platão. Ele argumenta que os bens externos não têm valor intrínseco em *Eutidemo* 278e-281e, de Platão. Sobre Diógenes de Sinope morar em um barril e levar uma vida simples, consultar *Vidas e doutrinas dos filósofos ilustres* 6.23 e 6.37, de Diógenes Laércio. Aristóteles discute a generosidade em *Ética a Nicômaco* 4.1. As visões de Zenão sobre bens externos são relatadas também na obra de Diógenes Laércio, em 7.102-7.

Capítulo 2

A distinção que Epicteto faz entre as coisas que estão sob nosso controle e as que não estão se encontra em *Manual* 1. Marco Aurélio faz uma descrição física de objetos em *Meditações* 6.13. Sobre pensar a respeito de si mesmo como o ator de uma peça, consultar *Manual* 17, de Epicteto. A analogia do tiro com arco, de Antípatro, pode ser encontrada em *Do sumo bem e do sumo mal* 3.22, de Cícero. Marco Aurélio comenta sobre a mudança universal em *Meditações* 2.17. A frase "um fluxo tranquilo de vida", de Zenão, é citada por Diógenes Laércio em 7.88. A analogia usada por Epicteto de que "é muito mais fácil para um marinheiro deixar naufragar o navio do que mantê-lo navegando em segurança" é extraída de *Diatribes* 4.3.5. Sobre as reflexões matinais e noturnas, ver *Meditações* 2.1, de Marco Aurélio, e *Sobre a ira* 3.36.1-3, de Sêneca. Epicteto insiste na atenção contínua em *Diatribes* 4.12.

Capítulo 3

Epicteto responde ao homem cujo irmão está com raiva em *Diatribes* 1.15. A descrição de Crisipo sobre emoções descontroladas aparece em *Sobre as doutrinas de Hipócrates e Platão* 4.2.15-18. O ódio de Calígula por Sêneca é comentado em 59.19 dos escritos de Dião Cássio. Sêneca se refere às emoções como loucura temporária em *Sobre a ira* 1.1.2. Para a analogia com a queda livre, ver *Sobre a ira* 1.7.4. Quanto aos "primeiros movimentos", ver *Sobre a ira* 2.2.4-2.3.5. Ele diz que "o medo envolve fuga..." em *Sobre a ira* 2.3.5. O trecho iniciado por "Lembre-se, não basta ser agredido", de Epicteto, é de *Manual* 20.

Capítulo 4
A morte de Sêneca por ordem de Nero é narrada nos *Anais* 15.60-64, de Tácito. Sêneca apresenta a adversidade como um treinamento em *Sobre a providência divina* 2.2; a analogia do lutador está em 2.3, e a dos soldados, em 4.8. Cícero faz referência ao destino da física em *Sobre a adivinhação* 1.126. Sêneca escreve que "o infortúnio perene de fato traz uma bênção" em *Consolação à minha mãe Hélvia* 2.3. A passagem "Não concordo com aqueles que recomendam uma vida tempestuosa", da carta de Sêneca, é de *Cartas a Lucílio* 28. O comentário sobre estar preparado para a adversidade está em *Consolação à minha mãe Hélvia* 5.3. Ele reflete sobre a preparação para as adversidades futuras em *Consolação a Márcia* 9.1-2.

Capítulo 5
O trecho "Que ínfima parcela do abismo infinito do tempo", de Marco Aurélio, pode ser encontrado em *Meditações* 12.32. Para um exemplo da questão de observar tudo do alto, ver *Meditações* 9.30. James

Lovelock descreve sua hipótese de Gaia em *Gaia: Um novo olhar sobre a vida na Terra* (Edições 70, 2020). A imagem do destino operando por meio de nós é de Alexandre de Afrodísias, de *Sobre o destino* 181.14. Marco Aurélio escreve "A Natureza tudo dá" em *Meditações* 10.14; ele compara providência e átomos em 9.39, entre outros trechos. A citação que se inicia com "O impulso da Natureza Universal foi criar um mundo ordenado" vem de *Meditações* 7.75; "Crie o hábito de observar regularmente o processo universal de mudança" está em 10.11.

Capítulo 6
A citação "viver é a atividade menos importante dos homens ocupados" é extraída de *Sobre a brevidade da vida* 7.3, de Sêneca; "Todo mundo apressa a própria vida" está em 7.8-9; "obtido às custas da vida" está em 20.1. A primeira citação de Epicteto, iniciada por "Agora queres que eu deixe a feira", é de *Diatribes* 3.5.10; "Sob nenhuma circunstância diga 'perdi algo'" é extraída do *Manual* 11; "Você é tolo" é do *Manual* 14.

Capítulo 7
Marco Aurélio descreve o refúgio em sua "cidadela interior" em *Meditações* 8.48. Aristóteles define os seres humanos como animais políticos em *Política* 1.2. A narrativa sobre o homem cuja filha estava

doente está em *Diatribes* 1.11. Os círculos de afeto de Hiérocles podem ser encontrados em um fragmento preservado dos escritos de Estobeu 4.671.7-673.11. A citação iniciada por "Compreendamos que existem duas comunidades", de Sêneca, é de *Sobre o ócio* 4.1. Epicteto relembra Helvídio Prisco em *Diatribes* 1.2.19-21. Marco Aurélio escreve sobre "a concepção de uma comunidade baseada na igualdade" em *Meditações* 1.14 e sobre "Um ramo cortado do galho vizinho", em 11.8. O exílio de Musônio Rufo é comentado na biografia de Apolônio de Tiana escrita por Filóstrato, em 7.16. Musônio defende o estudo da filosofia pelas mulheres em suas *Diatribes* 3 e 4. Epicteto discute o perigo de nos associarmos a pessoas com maus hábitos em *Diatribes* 3.16 e 4.2.

Epílogo

A passagem de Sêneca é extraída de *Consolação à minha mãe Hélvia* 5.1. Quem tiver curiosidade de ler sobre as influências mais recentes do estoicismo pode consultar *The Routledge Handbook of the Stoic Tradition*, organizado por John Sellars (Routledge, 2016).

Agradecimentos

Primeiramente, devo agradecer a Casiana Ionita, por sugerir que eu escrevesse este livro, bem como por seus comentários perspicazes ao longo do processo e por seus ajustes estilísticos precisos em minhas versões preliminares.

Também devo agradecer a meus colaboradores da equipe do projeto Modern Stoicism: Christopher Gill, Donald Robertson, Tim LeBon e outras pessoas, do passado e do presente. É pouco provável que este livro tivesse sido escrito sem o trabalho que fizemos juntos ao longo dos últimos anos e que continuamos fazendo.

Por fim, e de forma alguma menos importante, dedico este livro a Dawn, *sine qua non*.

CONHEÇA ALGUNS DESTAQUES DE NOSSO CATÁLOGO

- BRENÉ BROWN: *A coragem de ser imperfeito – Como aceitar a própria vulnerabilidade, vencer a vergonha e ousar ser quem você é* (600 mil livros vendidos) e *Mais forte do que nunca*

- T. HARV EKER: *Os segredos da mente milionária* (2 milhões de livros vendidos)

- DALE CARNEGIE: *Como fazer amigos e influenciar pessoas* (16 milhões de livros vendidos) e *Como evitar preocupações e começar a viver* (6 milhões de livros vendidos)

- GREG MCKEOWN: *Essencialismo – A disciplinada busca por menos* (400 mil livros vendidos) e *Sem esforço – Torne mais fácil o que é mais importante*

- HAEMIN SUNIM: *As coisas que você só vê quando desacelera* (450 mil livros vendidos) e *Amor pelas coisas imperfeitas*

- ANA CLAUDIA QUINTANA ARANTES: *A morte é um dia que vale a pena viver* (400 mil livros vendidos) e *Pra vida toda valer a pena viver*

- ICHIRO KISHIMI E FUMITAKE KOGA: *A coragem de não agradar – Como a filosofia pode ajudar você a se libertar da opinião dos outros, superar suas limitações e se tornar a pessoa que deseja* (200 mil livros vendidos)

- Simon Sinek: *Comece pelo porquê* (200 mil livros vendidos) e *O jogo infinito*
- Robert B. Cialdini: *As armas da persuasão* (350 mil livros vendidos) e *Pré-suasão – A influência começa antes mesmo da primeira palavra*
- Eckhart Tolle: *O poder do agora* (1,2 milhão de livros vendidos) e *Um novo mundo* (240 mil livros vendidos)
- Edith Eva Eger: *A bailarina de Auschwitz* (600 mil livros vendidos)
- Cristina Núñez Pereira e Rafael R. Valcárcel: *Emocionário – Um guia prático e lúdico para lidar com as emoções* (de 4 a 11 anos) (800 mil livros vendidos)

Para saber mais sobre os títulos e autores
da Editora Sextante, visite o nosso site
e siga as nossas redes sociais.
Além de informações sobre os próximos lançamentos,
você terá acesso a conteúdos exclusivos
e poderá participar de promoções e sorteios.

sextante.com.br